JN437933

그러려니 하고

서평 김건일 시집

을지출판공사

| 시인의 말 |

저의 이 시집은 평생을 시를 좋아하며, 시처럼 살아와 삶이 너무 행복했던 순간들을 접해 보라는 마음으로 이 시집을 출판합니다.

시는 바쁜 현실에서 시를 접하기가 어려운 현대를 살아가는 모든 분들이, 시를 어떤 계기가 되어 접해보는 기회를 바라는 마음으로, 시를 바라보며, 사랑하며 늘 가까이 하며 살아가면 좋겠다는 마음을 가져 봅니다.

시를 읽고 쓰는 게, 한편으론 현실에서 사치스럽게 보일지도 모르지만, 한 줄의 시를 읽고 감동이 오고 느낌이 온다면, 삶 속에 시를 접목하여 살아가며, 소년 소녀에게는 예쁘고 아름답게 자라게 하는 원동력이 되었으면 하는 마음입니다.

청년에게는 꿈을 실현하는데 도움이 되었으면 좋겠으며, 중 · 장년에게는 삶을 더욱 알차고 아름답게 가꿔 가는 밀알이 되어, 꽉 찬 열매를 보는 듯, 흐뭇해 하는 마음을 발견했으면 합니다.

노년에게는 고매한 인품으로 삶을 누리며 행복한 노후를 향유하리라 확신합니다.

이 시집이 나오기까지 애써 주신 한내문학 이사장인 최양희 문학평론가, 그리고 많은 지도를 해 주신 권선옥 시인님과 장병진 목사님께 깊은 감사를 드립니다.

2020년 8월에

김 건 일

■ 서문

진정한 인간 철학이 내재된 시인

문학평론가 최 양 희

김건일 시인이 2020년 한내문학 제38호에 시로 등단한 지 3일 만에 전화가 왔다.

"나는 이번 8월 초에 시집을 출간하겠다"고.

시로 등단한 지 한 달도 안 되어 처녀시집을 출간한다니, 이건 정말 놀라운 일이 아닐 수 없다.

우리 한내문학 회원 중 등단한 지, 1년 만에 시집 출간한 시인들이 5명 정도 있으며 제2시집, 제3시집, 자서전 등을 여러 회원들이 출간한 바 있다. 지난해는 10월부터 2월까지 제1집, 제2시집, 제3시집, 동인시집, 자서전 등 몇 차례 시집 출간 행사가 있었다.

그런데 김건일 시인은 한 달도 안 돼서 시집을 출간하겠다니 참으로 대단한 일이다. 창작의 열정이 식기 전에 열심히 창작한 140여 편의 시를 제게 보내왔다.

김 시인은 30여 년 동안 군복무를 마치고, 새마을 금고 과장으로 근무했었다. 그의 몸에 배어 있는 군인 정신 때

문인지 몰라도, 여하간 등단하자마자 1달 안에 시집을 출간한다는 것은, 한국 문인들 모두가 놀랄 만큼 큰 박수를 보내줘야 할 일일 것이다.

이번 시 제목 〈그러려니 하고〉 일부를 소개한다.

귀에 거슬리는 말, 어찌 좋게만 들리랴
그러려니 하고 살자

안 되는 일이 있어도 실망하지 말고
그러려니 하고 살자

마음에 맞지 않는 사람 있어도
그러려니 하고 살자

– 하략(下略) –

김건일 시인은 시집 제목을 『그러려니 하고』 결정했다. 그러려니, 그러려니, 그러려니 하고 살자……

나는 그의 시집 제목을 수십 번 되뇌이고 생각하며 나중에는 그 시의 뜻을 이해했다. 그러니까 "그러려니 하고 살자"는 시 속에는 엄청난 '우리네 진정한 인간 철학이 내재되어 있다' 는 철학을 담아 냈다.

그러니까, 다시 말해서 술좌석의 언쟁이나, 부부갈등, 이혼이나, 진학 못하는 낙제생이나, 진급도 못하는 평직원이나, 출항한 어선들이 태풍을 만나거나, 예기치도 못한 재앙을 당했거나 등등–.

인간사 모두가 뜻대로 이뤄지지 않는 일들이 그 얼마나 많단 말인가. 그러나 앞서 말했듯이 우리는 신이 아닌 인간들인지라, 어디 어느 곳에서도 속상하면 투덜대고, 말다툼에 욕하고, 멱살 잡고, 고발하고, 재판하고, 그 외 등등–.

우리가 살아가면서 좋은 일이든 안 좋은 일이든, 모든 일들은 우리 인간들이 살아가는 모습이다. 그러나 우리들 모두가 "그러려니 하고" 마음 다스리며, 속으로 참고 인내하며, 이해하고 살아간다고 생각해 보자. 이것은 모든 사람들이 '도를 터득한 길' 이고, 이상적이고도 진취적인, 평화를 주는 성자의 뜻을 담고 있는, 도인의 사상이 아닐 수 없다 하겠다.

이번 (사) 한내문학에 등단한 김건일 시인의 시 심사평에서, 심사위원인 유명한 김성열 문학평론가는 다음과 같이 평했다.

"김건일 시인은 시를 잘 알고 창작기법도 많이 익힌 사람 같다. 짧은 문장 속에 많은 메시지를 담아내는 응축된 언어를 구사한다는 점이나 복잡한 세태를 풍자적으로 표현해 내는 숙련성이 드러나고 있다는 점에서 그렇다.

시 〈나도 바보〉 외 4편의 시를 보면, 세태를 풍자한 아이러니한 시로 읽힌다. 짧은 시 속에 세상인심과 자아상실과 이기심으로 꽉 찬 세태를 야무지게 풍자하고 있다."
하고. =심사평 일부=

다음은 〈부모〉 일부를 소개한다.

부모님 날 낳아 / 정성으로 키운 사랑 / 어찌 다 갚으리까 //
금이야 옥이야 / 천지에 하나뿐인 내가 / 귀하게 자라도록 //
자나 깨나 / 세월이 흐르고 흘러도 / 그 마음 어이하리오 //

– 하략(下略) –

부모에 대한 애절한 그리움의 시는 모든 독자들에게 공감성에 연관을 갖게 된다. 그리고 김 시인은 '서정적 리듬의 시세계를 함축미로 승화시키는 점이' 장점이기에 누구나 그의 시를 빨리 이해하게 될 것으로 믿는다.

다음은 〈꿈꾸는 하루〉 전문을 소개한다.

> 아침은 / 만인의 희망으로 // 낮은 꿈을 / 이루는 열정으로 //
> 저녁은 안위와 / 기쁨을 안고 고이 잠드리라.

김 시인은 시집 한 권의 시를 발표했지만 나는 그 시 전부를 한편 한편, 또 하나하나 탐독하고 이해하면서, 역시나 하는 생각을 하게 되었다.

시인 김건일은 영적 계시를 받으며 창작하는 시적 재능이 남다르게 뛰어났다고 본다. 즉흥적인 면과 은유적 표현, 순수한 창의력이 기발하다는 점을 이번 시집을 통하여 자신의 재능을 아낌없이 보여 주고 있는 것이다.

첫 번째로 〈엄마〉라는 시 전문을 소개한다.

> 우리 엄마 / 가슴 절벽 //
> 우리 엄마 / 귀도 절벽 //
> 우리 엄마 / 일은 준령(峻嶺)

그러니까 나는 아버지란 말도 그렇지만, 여기에 '엄마'란 글만 보아도 가슴이 뻐근하고 눈물이 핑 돈다.

필자도 15년 전 『사모곡』이란 시집을 쓰면서 몇 날 며칠을 두고 한없이 울고 또 울었던 기억이 생생하며, 지금 김건일 시인의 시 〈엄마〉를 보면서 눈물이 고인다.

그리고 김건일 시집 『그러려니 하고』라는 이 시집 속에 〈내 사랑 당신〉, 〈그리움〉, 〈나도 한때는〉, 〈바람이 꽃 피우리〉 등등- 그 수많은 명작들을 설명하고 싶지만 여기에서 그만 생략한다.

시인 김건일의 시 세계를 보면서, 그는 지금 팔순인데도 불구하고, 현시대의 현실을 정확하게 간파하면서 쓴 시들을 모아, 이번에 처녀시집을 출간하는데, 시 한편 한편마다 독특한 시상을 지닌, 창의성이 풍부한, 고차원적인 시를 써 왔던 것이다.

김 시인은 유독 자신의 열정을 태워 글로 표현한, 순수하고도 특이한 시인이라는 점을, 독자들은 모두가 재인식하기를 바라는 마음이며, 김건일 시인님께도 처녀시집 출간을 다시 한번 축하드린다.

Contents

차례

■ 시인의 말 · 2
■ 서문 · 4

제 1 부 네가 꽃이다

* 신인상 당선 시(한내문학 제38호)
나도 바보 _ 18
어머니 _ 19
저 높은 곳 _ 20
열매 _ 21
상사초 _ 22

* 시 등단 신인상 당선소감
시의 향기를 전하는 한 알의 밀알이 되고파 _ 23

Contents

그러려니 하고 _ 24
그라인더 _ 26
밝아 오는 새해 _ 27
물 한 컵 _ 28
비가 내리네 _ 29
마음 _ 30
새벽 길 _ 31
배 _ 32
부부란 _ 33
커피 한 잔 _ 34
네가 꽃이다 _ 35
개망초 _ 36
태양을 바라보라 _ 37
비가 내린다 _ 38

Contents

제 2 부 비 오는 밤의 상념

그날 _ 40
눈으로만 _ 41
잃어버린 일상 _ 42
긴 밤 _ 44
진홍빛 마음 _ 45
한세상 _ 46
보호 _ 47
사랑 _ 48
웃어라 _ 49
인생의 꽃 _ 50
누나와 매형 _ 52
내 사랑 당신 _ 53
한바탕 _ 54
네가 _ 55
어린 마음 _ 56
비 오는 밤의 상념(想念) _ 57
귀뚜리미 _ 60

Contents

늘 행복 (1) _ 61
늘 행복 (2) _ 62
옳음 _ 63
행복이란 무엇인가 _ 64

제 3 부 사랑의 줄

꽃 _ 66
상처 _ 67
그리움 _ 68
남편 _ 69
내 가는 곳 어딘지 _ 70
해 질 녘 _ 71
언제까지 머물 것이냐 _ 72
허물 _ 73
귀뚜라미 (1) _ 74
귀뚜라미 (2) _ 75
파도야 _ 76

Contents

아름답게 살아가리라 _ 77
사랑의 줄 _ 78
유월의 시 _ 79
사랑 한 그릇 _ 80
공공근로 시 _ 81
늙어도 향기 짙구나 _ 82
푸른 제복 _ 83
비 _ 84

제 4 부 들꽃처럼 살리라

축복은 _ 86
고통의 의미 _ 87
마지막 미소 _ 88
냄새 _ 89
눈물의 사랑 _ 90
나도 꽃으로 _ 91
꽃으로 살리 _ 92
들판에 뿌려지리라 _ 93

Contents

격 _ 94
꿈꾸듯 사는 인생 _ 95
펫 _ 96
밤길 _ 97
그때 그 사람 _ 98
들꽃처럼 살리라 _ 99
부모님 _ 100
마음 _ 101
청포도 _ 102
채송화 (1) _ 103
채송화 (2) _ 104
누가 없을까 _ 105
그 추억 _ 106

제 5 부 꽃의 눈물

집착 _ 108
주름살 _ 109
목화꽃 _ 110

Contents

바람이 꽃 피우리 _ 111
서산에 해 질 때 _ 112
깨달음 _ 113
마지막 _ 114
거울아 _ 115
그날이 가깝다 _ 116
나도 한때는 _ 117
내 사랑 _ 118
첫발 _ 119
단련 _ 120
행복은 _ 121
그 손길 _ 122
부모 _ 123
꽃의 눈물 _ 124
꿈꾸는 하루 _ 125
엄마 _ 126
리셋 _ 127

제 1 부

네가 꽃이다

나는 너를
꽃이라 부르리라

내 사랑 너는
나의 영원한 꽃

■ 신인상 당선 시 (한내문학 제38호)

나도 바보 외 4편

항상 즐거워
언제나 웃는다
시실시실 픽픽
혼자 웃는다

누가 뭐라지도 않지만
그 사람 때문에
옆 사람도 따라 웃으니
모두들 깔깔댄다

세상이 모두 제 것처럼
근심 걱정 없으니
나도 그렇게 살리라
그 사람처럼……

어머니

내가 세상 태어날 때
소복 입고 정화수 떠 놓으시며
아들 낳기 위해 사시사철
자식 위해 빌고 치성(致誠) 드리니

태어나 사랑과 정성으로 기르시며
진자리 마다하지 아니 하시고
금지옥엽 키우셔 세상에 나아갈 때

너무 억척으로 살지도 말고
정성껏 살며 남을 억울하게 하지 마라시며
자신을 위해 지나친 애착은 갖지 말고
정성을 다하여 살라고 당부하셨던 어머니……

저 높은 곳

탕탕 펑펑
퍼버 벅 치지 직
이곳저곳 터지는
불꽃처럼 살아온 인생

피날레는 영원히
잊지 못할 기억에 남아
환호하며 불덩이 이글거려
빛나는 대지 하늘에 막 내리리

열매

바람을 심으면
태풍을 거두고

엉겅퀴를 심으면
가시를 거두며

등나무 심으니
갈등을 거두고

사랑을 심으면
선과를 딴다네

상사초

그 님이
너무 그리워

난 남몰래
밤길을 걷는데

외딴 곳
거기에 호올로

눈부시게 피어나
그 사람 다가오는 듯

발 저리도록
홀로 서서 기다리네

■ 시 등단 신인상 당선소감

시의 향기를 전하는 한 알의 밀알이 되고파

젊은 날 문학을 좋아하며 소설 수필 희곡도 시도 읽으며 쓰고 단편 소설이라고 써서 친구나 일가친척에게도 보여 주고 했습니다.

인생 살아오며 낭만파 시인의 영향을 많이 받은 것 같습니다.

그러다 군문에 뜻을 두어 정년퇴임을 하였습니다.

괴롭고 힘들 때는 용기를 주는 시를 창밖을 바라보며 읊으면 순간 근심은 단박에 날아가고, 고무되어 힘이 솟기도 하고, 짧은 경구 촌철살인 힘을 얻으며, 삶 속에 시를 접목하며 일생 살아 왔습니다.

앞으로 삶의 여정에 창작활동 열심히 하여, 사회에 시를 사랑하며 살아가는 모든 문학인들에게, 시의 향기를 전하는 삶이 되도록 한 알의 밀알이 되겠습니다.

– 하략(下略) –

그러려니 하고

귀에 거슬리는 말, 어찌 좋게만 들리랴
그러려니 하고 살자

안 되는 일이 있어도 실망하지 말고
그러려니 하고 살자

마음에 맞지 않는 사람 있어도
그러려니 하고 살자

사랑했던 사람 멀어져 가더라도
떠나는 사람 축복하며
그러려니 하고 살자

사람을 만나서 상처를 받더라도
너무 아파하지 말고
그러려니 하고 살자

세찬 눈보라 몰아쳐도 감사하며
더러는 햇볕이 비춰 주는 것처럼
그러려니 하고 살자

그라인더

내
모난
마음
갈아 내어

둥글게
모든 걸
다 받아들이는
바다 같은 마음

밝아 오는 새해

한 장 남은 달력
찬 바람에 흔들리며 떠나려 하고

오가는 발길 포도 위의 낙엽
한 해를 마무리하려는
마음, 마음들이 분주한데

소중한 마지막 한 달
끝이 좋아야 다 좋듯이

가는 해 웃으며 보내고
오는 해 반갑게 맞아들이자

인생도 살아온 모든 것
마무리 잘못해 떨고 있는
사람도 있지 않았던가……

물 한 컵

아내 머리맡에 약봉지
말없이 물 한 컵을
떠다 놓았다

고맙소!
그걸 가지고 뭘
당신은 평생 밥을 해 주고선

비가 내리네

메마른 대지
풍성하라고
비가 내리네

힘든 삶
씻어 내라고
비가 내리네

기다림에 지친 마음
기쁨 주라고
비가 내리네

상처는 위로하고
사랑은 쌓이라고
비가 내리네

마음

네 변해 버린
마음
싫어지지만

첫눈에
반했던
그때가 떠올라

지금도
네 모습
떠오를 때면
눈물짓는다

새벽 길

그님 손잡고 이슬 맺힌 길
새벽이슬 맞으며
길을 걷는다

새 생명 새 일 찾아
그님 따라간다

내 삶 덤으로 주어진 것
이웃을 내 몸처럼 사랑하며
그님 가신 길 나 일생 걸으며

그 나라 가기까지 쉼 없이
새벽 길 환하게 밝혀
그날 잘했다 칭찬받으리라

배

기쁨을
나누면 배로
늘어나고

슬픔을
나누면
반으로 줄어드니

어찌 슬픈 일
즐거운 일
나누지 않으랴

부부란

젊어서는
몸으로 사랑

나이 들면 눈으로
사랑하고

세월 가면
정으로 살아가고

한없이 흐르면
미운 정으로 살아간다

커피 한 잔

아침밥 먹고
예쁜 커피 잔에
커피 생각나 끓인다

진한 커피 타서
창밖을 보며 한 모금
진하게 목으로 넘기며 사색에

깊이 음미하며 맛 감미로워
그윽하고 향이 깊다

건성으로 사는 삶
아닌 진하고 향기 나게 살아야 한다고
밖으로 흘러가는 구름을 바라본다.

그래 누구나
그렇게 살아서 사는 동안
진한 향기 세상에 남기고 가리라

네가 꽃이다

너를 보니
네가 꽃이다

꽃으로 피어나
화알짝 살아가다

꽃으로 지며
향기로 떨어지려무나

너는 한번
꽃이면 영원한 꽃

나는 너를
꽃이라 부르리라

내 사랑 너는
나의 영원한 꽃

개망초

먼 길 오느라
애쓴 너는 이제 어엿한 모습
활짝 웃으며 사는구나

거친 바다 건너서
이젠 타국이 아닌 네 고향
어우러져 화해의 손잡고 사는구나

이 땅 얼굴 아니고 피부색도
얼굴은 변하지 않아도
기름진 이곳 옥토에서 살자구나

네 오명 쓰고
욕된 세월 어이하랴 마는
그 서러움 잊고 마음껏 웃으려무나

태양을 바라보라

태양이 늙는 일이 없는 것처럼
젊고 늙음은 어디에 있나

겉모습에 자신을 맡기지 마라
마음이 아름답고 진취적이면
그의 영혼은 젊은 것이다

태양을 바라보며 살아라
시들거나 기죽지 않는 태양을
바라보며 굳게 땅을 딛고 서라

꿈꾸며 진취적인 사고로
미래를 향해 나아가라
이글거리는 태양처럼 살라

태양을 바라보라
꽃밭을 다듬고 가꾸듯
뜨겁게 살아가면 식을 날이 없으니

비가 내린다

비가 온다
산과 들이
푸르게 살아가라고

해변가에도
바다 속 고기가
의좋게 살아가라고

육지에도 비가 내려
농작물이 싱그럽게
자라나라고

가장 소중한
영혼의 비가
다정하고 정답게
웃으며 사랑하며 살라고

제 2 부

비 오는 밤의 상념

빗소리는 큰북 위에 모래 떨어지는 소리
아니다 탬버린을 잘게 흔드는 소리
비가 그치지 않고 계속 오면 어쩌나 걱정

그날

둘 손잡고 만나 긴 인생길
저 찬란함에 눈부셔
주어진 시간마다 바라보며
사랑하며 살아가자고 다짐하며

내가 나에게
애틋한 마음으로
서산에 해 저무는 날
고마웠다고 말하리라

눈으로만

절 눈으로만
오래오래 사랑해 주어요

가까이 오셔 향기로
취해 주세요

꺾으려는 것은 아니겠지요
가까이 다가오지 마세요

아야! 꺾지 말아 주세요
이렇게 빌잖아요

모두가 보게요
제발 부탁이에요

잊지 않고 다시 피우게
오래오래 눈만으로 사랑 주셔요

잃어버린 일상

매일 날마다
뜨고 지는 해를 바라보며
얼마나 가슴 뛰었던가
눈부시도록 절실했던가

매일 보고 얼굴 마주치는 가족과
사랑하는 아내가 얼마나
고귀한 보석 같은 존재이었던가

매일 보고 마주치고 만나는데
뭘 그렇게 철저하게
적당히 좀 하자고 했지만
나는 지금까지 일생을 절실하게 살아온 게
오늘에야 다시 빛을 본다

깨닫고 가슴에 새기며
과연 나와 같이 그렇게 사는 사람은
신의 영역에 속하는 사람 아닐까 하는 생각

콩 한 알
쌀 한 톨
팥 한 알
그리고 물 한 방울 얼마나 소중한가
하찮은 것들 바라보며

그런 걸 소중하게 여기며 사는 것은
별천지에서 온 사람이나
가능하리라 생각지 않을까요

그러나 나는 아니었던 것
곁에 있는 사람 바라보며
슬며시 미소 보내며 마음속으로
내 어리석었다고 말하면 어떨까……

긴 밤

세월이 길까
삶이 길던가

아버지 술자리가 길던가
님 기다리는 밤이 길던가

잠 못 이루는 밤이 길던가
번민과 고뇌에 찬 밤이 길던가

그리움에 몸부림 친
밤이 길었던가

진홍빛 마음

눈물은 흐르며
사랑을 말하며 소리를 내는데

울먹이며 흐느끼며
달래고 얼러도 소용 없으니
진홍빛 마음 어이하랴

사랑으로 다독이고
웃음 주어서
기쁨 되찾아 주어야 하지만

어찌할까 그리워서
님을 부르는 마음
붉게 눈물 내리니 더욱 뜨겁다

오래오래 품에 안고
변함없는 불탄 사랑의 물방울
발등에 떨어져 내리는데……

한세상

눈부시게
한세상 잘 살았는데
주어진 일 다 하고
하고픈 일 다 하지 않았는가

아무것도 아쉬움 없나니
주어진 날들 웃으며
좋은 일 하며 살아가리라

지나간 시간과 날들
눈부신 저 하늘 불꽃 바라보면
축포가 펴 벅 퍽 터지듯
너를 향해 타오르지 않느냐

뜨거운 눈물 훔치는 당신
위대하고 찬란하게 잘살아 왔으니
관 뚜껑 닫을 때 웃으리라

보호

갈비뼈가 앞뒤로
주요 장기를 보호하듯이

아버지 어머니께서는
자식들을 일생 보호해 주시는데

어찌 효도하지 아니하고
깨닫지 못하고 살면서……

사랑

힘든 것이 아니니
바로 옆에 있는
그 사람을

사랑의 시선으로
꼬옥 안아 주세요
마음으로

웃어라

태어날 때 웃었던가
그러면 당신은 축복의 출발

살아가며 웃었던 날이 그 얼마였던가
기억하며 삶에 임하면 웃을 날

시작한 하루를 웃음으로
아침에 일어나 웃었는지 울었는지

인생 살아오며 웃으며
사람들을 바라보며 웃었던가

생 정리하며 서서히 웃을 준비하며
우리 인생길 걸어왔던가

해가 떠오르며 지려고 하면
웃을 준비하며 밝은 표정으로
장막(帳幕) 내리려고 하는지

인생의 꽃

아들아
너의 인생의 꽃은 아직 피지 않았다
탁마하여 미래에 대비하는
길고 긴 인생길 출발해 보렴

아버지는 척박하고 모진 황무지에서
온 정성 다해 뒤집고 갈고 옥토로 가꿔
인생의 들판에 환하게 꽃피워 놓지 않았더냐

축포를 터뜨리며
노래하며 춤추는 요람에 우뚝 선 모습
환호와 갈채 소리를 보려무나

아들아
아버지가 보여 준 대로
사람들의 박수를 받고 있으니
세상의 진흙탕을 두려워하지 마라

젊은 날 격투장에서 싸워 본 기억 되살려
진흙탕 딛고 인고의 세월 견디며
말없이 피워 낸 연꽃을 바라보아라

누나와 매형

그러면 어쩌려고
제발 그만해 매형 좀 봐
어? 그러면 안 돼
그러지마 이젠 됐잖아

그래 그래 됐어
그러니까 너무 좋잖아
누나 웃어 봐
그래 그거야 예쁘잖아

내 사랑 당신

아름다운 붉은 꽃
고운 모습

빛나는 눈동자
내 사랑 당신 모습

세월 흐르고
겹겹해도 언제나
변함없는 내 사랑

붉은 꽃이라 사랑하고
흰 꽃이라 사랑이
희석되지 않으리라

한바탕

세상 마당에
멍석 깔고

한마당 질펀하게
신명나게 놀았으니 주섬주섬

이제 걷어 둘둘 말아
짐 내려놓고 떠나가렵니다

네가

내가 너를
바라볼 때
너는 내게로 오며
웃으며 손을 잡았다

그리고 꽃을
피우고 열매 맺었는데
긴 시간 동안
행복했느니라

어린 마음

아이처럼
살아서 아이가 되어
천국으로 발걸음 인도하리라

아이가 되지 않으면
어린이 마음으로 살아가야
앞으로 천국으로 가리라

천진난만한 그 모습
천국 가려고 준비하는 마음
마루를 구르며 노는 아이들

그 모습을 바라보며
천사를 발견한다면
님은 천사입니다

비 오는 밤의 상념(想念)

장대비가 온다
밤새도록 온다
멀리서 천둥소리가 가까이 오니
몇 해 전의 냉장고 낙뢰 피해가 생각

가로등 주변에는 더 많이 내리는데
잠을 안 자고 있는 사람에게는
더 큰 소리로 오겠지

개구리 걱정이 되며
뒷산이 무너지지 않을까 염려하는데
집안에서 곰팡이 냄새가 난다

3시경에 빗소리에 잠을 깨어
외등 켜 놓고 비 오는 것을 구경하는데
빗소리에도 강약이 있고
밀고 당기는 것이 있었다

빗소리는 큰북 위에 모래 떨어지는 소리
아니다 탬버린을 잘게 흔드는 소리
비가 그치지 않고 계속 오면 어쩌나 걱정

비 피해가 없는 것에 스스로 흡족하며
복도 끝에 떨어지는 빗방울에
수건을 담은 양동이를 받쳐 놓는다

이 밤에 또 누구 잠깨어 있을까 생각
왜 이렇게 비가 많이 올까 깊이 생각
노아의 홍수 체험수기를 쓸까 생각해 본다

낙숫물 줄기의 장관은 고차원 예술작품
오로지 내리고 흐르는 만고불변의 철학

천둥소리에 고해성사에 누락된 것은 없는지
장대비 속에도 새벽기도 호송차는 지나가는데

장대비에도 새벽 장닭은 어김없이 운다

하늘이 조금 밝아지니 걱정도 덜어지며
대추나무 농장 터진 것만 걱정된다

귀뚜라미

새벽 한 시
잠 못 이루고
서성이는 모습

아아!
벌써 귀뚜라미가
이 한밤 구슬프게 우는데

가을에 꼬옥 만나기로
약속한 사람 있어
기다리기 괴로워
만나고 싶어 울고 있나

어서 가을이 오라며
목청 높여 만나고 싶고
너무 보고 싶어 견딜 수 없다고
애간장 끊어진다고 울고 있나

늘 행복 (1)

아침에 일어나면 살아 있음을
기뻐하는 것 이외에
아무것도 하지 말고 기쁨으로 맞이하라

그것 외에 바랄 게 뭐가 더 있다고
이제껏 열심히도 모으고 쌓은 것
다 놓아 버리듯이

늘 행복 (2)

믿었던 동아줄이 끊어져
내게 한순간에 떠나가고 없지 않습니까

저 찬란함이 빛났던 하늘도 지금
칠흑 같은 어둠을 가져와 삶의 문을 닫으니

매일매일 그렇게 기쁘게 사소서
모든 사람들이 그러면 봄에 꽃 피듯

가을 붉은 열매로 행복 노래 부르듯
처음이며 생의 마지막이 바로 오늘이려니

옳음

할 말이 없겠느냐만
너라고 없겠느냐
그래 네 말이 옳도다

그런가 내 말도 맞고
당신 말은 이리저리 맞지
그래 맞소이다

처녀가 애를 낳아도 할 말 있다 하듯
당신 말도 맞소이다

암 맞고 말고를 따지기 전
무조건 맞지요
이 세상 사는 당신 모두가 맞고

하늘이 찢는 문풍지라도
당신 혼자 사는 세상이
이리도 좋으니 모두 당신 것이오

행복이란 무엇인가

나무 한 짐 해
시장에 팔아서
나비 한 마리 벗 삼고
고단함 잊고

지게 작대기
받쳐 놓고
담배 한 개비 후이 후
하루가 평범한

필부처럼 사는 게
행복 아닐까
그렇게 산다 한들
누가 뭐라 하리요

제 3 부

사랑의 줄

바라보기만 해도
황홀하고 사랑스런 당신
언제나 내 곁에 영원히
떠나지 말고 있어 주어요

꽃

내가 너를 바라보며
정성으로 보살피며
오가며 사랑의 시선 보냈더니

너는 밤새 꽃으로 피었구나
날 만나서 웃고 싶었구나

네 모습 현란하고 아름다워
눈부시게 빛나는구나

그래 날 찾아 왔으니
변함없는 마음으로 잊지 않고
꽃과 나비 춤추며 살자구나

상처

지금은
당신의 상처를 지고
살아오며 너무나 힘들었답니다

이제 이 짐 내려놓고
행복 찾아 발길 옮기려
두 손 놓고 돌아오지 않을
다리 건너렵니다

당신과 나
그러나 행복했던
기억하며 잊지 않고 웃으며
돌아서도 행운을 빌게요

그리움

그리워 못 잊는데
돌아선 굳은 마음
잊으려고 떠나려 해도
다시 발길 돌립니다

파릇파릇한
그 봄날을 잊을 수 없으며
뜨겁고 풍성했던 가을날
지나가는 그리움들

눈 쌓여 내렸던 그때도
내 가슴을 적시더니
함박눈 눈부시게 내리는데
나는 새봄을 다시 그려 봅니다

남편

건강하려면
아내를 황후처럼
극진히 모시는 마음

질병에 걸리지 않으려거든
말 잘 듣고 따라주며 인정하는 것

오래 살고 장수하려면
함께해 줘서 고맙다고
자주 말해 주며 칭찬해 주자

이제껏 가정을 잘 지켜 온
아내 모습 바라보며
모든 공을 아내에게 돌리자

내가 무사히 정년퇴직한 것도
되돌아보면 그 모두가
아내의 정성이 아니었던가

내 가는 곳 어딘지

하루와 또 한 달
해마다 세월이 끌려가나
세월이 흘러가긴 가는가

아이가 세상에 태어나고
내가 늙어 가는 것을 보니
붙잡힌 내 신세도 함께 가는가

세상도 얼굴을 가지고
세월을 모두를 보고 있는데
정말 나는 어디까지 가는가

해 질 녘

밥상 물리고
비 오는 소리에

꺼물꺼물한 창밖
새들도 숲을 향하고

편안함에 하나 둘
마을도 잠잠 세상의 어둠

언제까지 머물 것이냐

너도 도시를 좋아하니
인테리급인가 보다

도시는 살기 좋고
모든 게 편리하여 네가 택했느냐

천사 악마의 얼굴을 하며
휘휘휙 정체가 보이지 않으니

너는 아파트를 좋아하니
네 부모 조상 덕에 도시에서
문화생활 즐기고 있는데

종전 괴질은 나약하여
너와 견줄 바가 못 되는구나

허물

이 세상 살며
흠결 없는 사람 없을 것이고
좋은 일 하는 사람도
허물이 있어 힘들 것이며

너도나도 허물 있으니
앞으로 좋은 일 한다면
개과천선한 것이니
누굴 탓하랴

좋은 시선으로 바라보며
오히려 등 토닥여 주며
죄는 미워하되
사람은 미워하지 않았으면

귀뚜라미 (1)

새벽 한 시
잠 못 이루고
서성이는 모습

어어! 벌써 귀뚜리미가
이 한밤 구슬프게 울어 대는데
벌써 유월이 아니던가?

요즈음 코스모스 시대에
자귀나무 꽃도 앞당겨 피는
사계절 꽃 한꺼번에 볼 수 있는
빠른 세상이 아니던가

귀뚜라미 (2)

가을에 꼬옥 만나기로
약속한 사람 있어

기다리기 괴로워
만나고 싶어 울고 있나

쉼 없이 울고 있으니
이 밤도 애간장 끊어지네

파도야

바다야 너는 어이하여
운명대로 순응하며
뒤집었다 엎어지고
다시 일어나다니

나도 세상에 던져져
뒤우뚱대며 한세상 흔들리며
살아가노니 너와 다를 바 없으니
너와 나 한신세가 아니더냐

괴롭고 고통스러워도
그래도 굳게 마음 다잡고
우리 함께 헤치며 나아가자구나

아름답게 살아가리라

위선과 거짓
묻고 살아야 하는 세상

아름답고 고운 마음
발현하여 어둔 세상 밝히리라

울고 눈물 흘리며
살아가는 사람들

그늘에 빛 비춰 줘 어둠을
멀리하고 사랑하며 살리라

사랑의 줄

어머! 당신은
나를 칭칭 동여맸으니
사랑의 보석으로 매여 사는
난 너무 행복하여이다

내 당신 품에서
꿈꾸듯 행복하게
살아서 당신께 사랑으로
살아가는 내 모습 보여 주리다

바라보기만 해도
황홀하고 사랑스런 당신
언제나 내 곁에 영원히
떠나지 말고 있어 주어요

유월의 시

유월이 가면 나는 그녀를 위해
붉은 석류를 따서 주리라

6월은 새콤한 자두를 한 바구니 따서
좋아하는 웃음소리 들으리라

호두나무 살구나무 좋아하는 것
흥겹게 노래하며 새들도 지저귀리라

저 푸른 하늘에 나는 노래를 지어 주고
그녀는 큼지막한 수박 잘라 물고 부르리라

7월이 오면 그녀와 저 구름 위에 앉아
인생을 노래하며 사랑을 노래하리라

사랑 한 그릇

햇살 눈부신
아침 해가 방긋 웃어 주는
아침 안개가 걷히듯 화알짝
사랑하며 살리라

사랑에 굶주린 사람들
오늘도 배고파 울고 있으니
아침도 사랑 한 그릇 먹지 않았는지
맹수처럼 울부짖는 사람 소리 들리니

이 눈부신 아침
뜨거운 태양 쏟아 부어 주면
사랑의 홍수 범람하여 넘실넘실

공공근로 시

봄 시작하면 공공근로 56세 62세
그도 집안의 가장이 아닐까 단짝으로 일을 한다

만나면 평소 웃으며 인사 깍듯이
어디서 들었는지 시 쓰는 분이라 동료끼리 말한다

아침도 운동을 하며 무심히 지나치려는데
오늘도 시 쓰셨어요. 네!

'여치의 노래' 책 한 권을 주며
맨 앞줄이 제가 쓴 시며 수필도 있으니 읽어 보세요

아! 김건일 선생님이시군요!
시집 내시지요
네! 금년에 낼 겁니다

뜬금없이 말하기에 그리 대답했는데
말의 씨앗을 뿌렸으니 잘 자랄까……

늙어도 향기 짙구나

손가락만 한 크기 심어
아름드리 늙어 가는 네 모습
40년 흘러간 세월

나처럼 늙으면 그만 하지만
짙은 향기 아름다워
너는 아직 꽃피는 청춘 아니더냐

가을이면 굵은 알밤
세월도 잊고 사는데
너만이라도 긴 세월 꿈꾸듯 가거라

푸른 제복

군복을 입고 첫 발령지
육군본부 서울 '용산'
이승만 박사 예배를 본 곳

결혼 후 손잡고 온 길인데
서울에서 첫아들
충북에서 둘째, 셋째 아들

삼 형제 데리고 살아오며
열심히도 살아오다
낯선 땅 논산으로 발령

충남 논산 육군훈련소로 살아오다
딸 쌍둥이 둘 낳고 명예롭게 정년퇴직

나라의 은전으로 생을 함께하던
아내도 반은 군인이 아니던가

비

비가 오는 날은
그리움도 따라 내린다

주룩주룩 세차게
유리창에 부딪히는 빗방울
그리움으로 젖어 내린다

빗물 사이로 흘러내리는
그리운 모습도
유리창에 얼룩져 내리며

지나간 날들이
마음을 가득 채우며
비는 내리며 마음을 적신다

제 4 부

들꽃처럼 살리라

유난스럽게 살지 말고
저 들판 흔들리며 말없이 사는
들풀처럼 살아가자

축복은

님은 하늘의 축복
쌓일 곳 없을 만큼
받은 복

네 것 아니니
나누고 베풀어서
더 큰 복 받으라

네게 준 모든 것
다 주어 크신 은혜
넘치게 받으리라

고통의 의미

산고를 통해야
옥동자 얻고

삶의 고통으로
성공과 명예를 얻으니

세상 고통 다 견뎌 내
그곳에서 안락 누리리라

마지막 미소

이 세상
떠날 때
웃을 수 있도록 살고

관 뚜껑
닫으며
손 흔들며 떠나면

당신은
가장 성공하고
행복한 사람

냄새

새끼에 묶은
생선 냄새 크으윽

멀리 있어도
그리운 사람의 향기

가까이 다가가면
벌써 사랑의 시선

만나면 미소
다가가면 은은함

그리움 쌓였던
기다림의 향기

가고 오며
친근한 인간미

눈물의 사랑

사람으로
네게 왔으니
나 발길 돌리나니

눈물겹다
사랑으로 날
감싸 주면 좋으련만

네가 날
다시 사랑 받으라고
날 보살폈으니

만인들
고귀한 사랑
네가 받으라고 있었나……

나도 꽃으로

꽃 피웠구나
네 속에

눈물
있어도

나도 너 닮아
꽃으로 피리라

꽃으로 살리

말없이 살리라
꽃모습으로

꽃처럼 살고 싶다
말없이 예쁘게

세상 사람 잡초와
꽃으로 뒤섞여

들풀이여 잡초여
꽃을 애태우고 있나니

들판에 뿌려지리라

불꽃처럼
살아온 인생길

불꽃으로
살아가다

불꽃으로
저 아궁이 재로

뒤켠 거름더미 뿌려져
다시 태어나리라

격

가축에서 애완동물
반려 동물로

우리 인간은
누가 높여 주나

아직 그 세월
멈추어 섰나니

언제일까
기다려 보리라

꿈꾸듯 사는 인생

꽃잎 진다고
놀라워 마라

꽃잎 핀다고
화들짝 기뻐하랴

꽃이 피고 짐이
한낱 꿈이 아니더냐

펫

개와 냥이는
사람 사랑으로 살아가고
사람은 누구에게
사랑받으며 사나

저 태양은
누구의 사랑으로
그리 뜨거운 가슴 하나
가슴에 품고 사나

저 들판 꽃들도
이름 없는 풀들
누군가의 사랑으로 살겠지

밤길

막막하고 어둠만이 자욱한
밤길을 어디로 가야 하나

내가 가는 이 길이
삶의 길인가? 죽음의 길인가?

알 수 없이 모르는
인생길을 걸어가노니

모든 나의 행위가
저 푸른 하늘의 구름 아닌가

그래도 가야 하기에 터벅터벅
목적도 방향 없는 길 걸어가노라

그때 그 사람

나는 길을 걷는다
동행하는 손 놓지 않고

세상을 향해 나아가며 절대
떨어지지 않고 그 손 놓지 않으리

나는 내일도 함께 가려고 준비한다
다시 만나리라는 희망으로

한세상 살며 함께한 그 은혜
어이 잊지 못하나 나의 님

들꽃처럼 살리라

유난스럽게 살지 말고
저 들판 흔들리며 말없이 사는
들풀처럼 살아가자

누가 알아주지 않아도
혼자 피고 지는 들꽃처럼
그렇게 자유롭게 살아가면

세상에 나아가지 않아
인정받지 않아도 어떠하며
계곡 졸졸 흐르는 물

나그네만 바라보며
반기는 꽃이라고
누가 탓하랴

부모님

나는 울었다
어머니 업고
너무나 가벼워서

나 아버지 업고 울었다
근엄함은 어디 가고
티끌 같은 몸이었기에

마음

임의 마음을
들여다보면 좋겠는데

나를 사랑하는지
싫어하는지 들여다보며
사랑하며 살아가고 싶어서

미워했던 사람도
마음 들여다보아서
좋은 관계로 손잡고 살게

사업할 때
계약할 때
마음 들여다보여 속지 않게

청포도

나는 너를 사랑한다
네 푸르름

너는 해해 연년이
변함이 없는 축복

너는 신의 특혜
너만이 받은 것

나는 기한을 주어
일생 푸르지 못하고

흰 모자를 씌워 주어
꼬깔로 덮어 주었기에

그게 한이고 서러운데
어이 하면 좋을까

채송화 (1)

햇살처럼 따스함
그리워 너를 바라보니

순진한 네 모습
세상 태어난 네가
가련하고 애잔하다

애처로워
바라보기 짠하는데
사랑받으며 살아가거라

채송화 (2)

너는 가련하게
칠월 뜨거운 날

붉은 사랑을
꽃 피우니

누구 품에나
안겨 받을 사랑

과연 너는
어여쁘다

누가 없을까

더워요
추워요
오늘 날씨가요

칠월인데도
계절 잊은 날씨가
알 수 없다

세계 곳곳에서
폭우로 폭설로
많은 인명 피해

신의 변덕에
인간은 속수무책
비위를 맞춰 줄 누가 없을까

그 추억

흘러간 추억 그리워
먼 하늘 바라보며
눈시울 적신다

다시 못 올
가버린 날들
이제는 영원히 가버렸다

그래도 나는 그때 그리워
머언 하늘 바라보며
아련히 떠올려 보나니 그립다

제 5 부

꽃의 눈물

꽃의 눈물을 보아라
화려하고 찬란히
피우기 위해 흘렸던 눈물

집착

꽃도 지고 나면
거름으로 화하고
쓰레기가 되듯이

세상 아등바등
살아온 모든 게
티끌이 아니더냐

그래도 어제도
오늘도 끊임없이
다투고 싸우며

시기질투 중상모략
바람이 흔들고
지나간 나뭇잎
바라보며 웃으리라

주름살

눈가에 이마에
입술에 목에 있지만
주름살 지우려 왜 애쓸까

세월이 준
아름다운 선물인데

마음에 주름살 지지 않게
사는 게 우선인데

주어진 삶의 경륜으로 보면
그건 영광의 주름살인데

목화꽃

어머니 품에서
고이고이 으아앙
울고 나오니

양친 슬하
사랑받으며
곱게 자라나

세상 나갈 때
온갖 사련 속에

눈물도
그 품 그리며
잘 견뎌 내나니

긴긴 세월
흐르고 지나가도
그리운 어머니 품

바람이 꽃 피우리

바람이 잠든 꽃 살짝
예쁜 네 모습

바람이 손잡고 가자 하니
꽃은 따라나서며

꽃이여 잡은 손
놓지 말고

긴긴 세월 바람 따라
꽃으로 서로 사랑하며

머나먼 길 갈 때까지
귀한 소명 다하여라

서산에 해 질 때

서산이 가까우면
더 필요하고 중요한
사람으로 살아가야지

사랑 줄 사람에게
시선 돌려 소원한다면
따뜻한 마음을 전해 줘야지

지금 하고 있는 일 있다면
준비하고 마무리 잘해야
먼 훗날 향기 나겠지

이웃과 사회를 위해
웃으며 마무리 잘하면
떠날 때쯤 그때에 향기 나겠지

깨달음

산사가 따로 있는 것은 아니며
속세에서도 깨달음 얻지 못하면
그 어디에 간들 소용없는 것

속세에서 자신을 떠난
그 삶이야말로
진정한 성자라 할 수 있는 것

누군가가 진정한 깨달음을 얻었다면
그는 세상을 얻은 삶을 살았다는 것

마지막

인생 마지막을
생각하며
살아가는 사람
과연 있을까

마지막이
좋은 꽃으로
열매 맺어

풍성하게 미소 짓는
인생을 생각하며
살아가면 좋으리라

마지막 직업으로
부부로 인생의 관 뚜껑
닫을 때 생각하라

거울아

내 겉모습
비춰 주지 말고
내 마음 비춰 주어라

내 꽃 같은 모습
향기 나는 내음 맡으며
웃고 취하게

내 사랑하는 마음을
어이 못 비추는지

세상 다 따뜻하게
품에 안고 싶어지는데

그날이 가깝다

왔으니 가야 하는데
어디로 발길 돌리나

저 구름과 저 계곡물을
종이배 타고 가야 하나

구만리 하늘 길
기러기 따라 가야 하나

내 어디로 가든
내 몸 떠내려 가야 하나

즐기다 떠나가면
기쁨과 즐거움 있으려나

나도 한때는

사랑은 어디서 왔다가
사라져 가는지 알 수 없으니
눈에 보이지 않는 바람
나도 한때는 그녀를 사랑했었지

나 한때는 사랑을 고백했으며
두려워 몸 떨면서도
내 마음 전부를 주고 말았지만
그러나 저 멀리 떠나가 버렸지

한 사나이가 나타나
눈물 흘리며 가버리자
내 사랑은 싸늘한 얼음장
한숨지으며 아주 떠나버렸지

내 사랑

둘이 살아가며
남에게 존경받지는 못해도
미움받는 사람은 아니었습니다

세상을 살아가다 힘들더라도
마음만은 올바르게 가지고
살아가면 좋겠습니다

내 옆엔 항상 당신이 있고
당신 옆에 내가 있으니
손 꼭 잡고 세상을 살겠습니다

첫발

인생 첫발
내딛으며

마지막을 생각하며
삶에 임하면

관 뚜껑 닫을 때
부끄러움 없으리라

수없이 많은 인생 갈래 길
잠시도 자신을 잊어선

끄트머리에 가서
인생 웃지도 못하리라

단련

건강은
몸을 단련

행복은
마음 단련

이상은
꿈을 단련

행복은

내가 갖지 못한 것을
구하는 것보다

지금 하고 있는 것을
목숨 걸고 하는 것

갖고 있는 것을
다시 바라보며

미소 짓는 것
그리고 나아가는 것

그 손길

고구마 푸른 밭
밭 밑에 눈물의 빵

넘실대는 바다 밑
정겨운 삶의 내 집

푸른 하늘 눈물 내려
사랑으로 키워 내나니

그 손길
사랑으로 안위하리다

부모

부모님 날 낳아
정성으로 키운 사랑
어찌 다 갚으리까

금이야 옥이야
천지에 하나뿐인 내가
귀하게 자라도록

자나 깨나
세월이 흐르고 흘러도
그 마음 어이하리오

땅이 용솟음치고
하늘이 닿아도
다 갚지 못할 그 사랑

꽃의 눈물

꽃의 눈물을 보아라
화려하고 찬란히
피우기 위해 흘렸던 눈물

꽃 속에 상처를 보아라
지울 수 없고
깊이 패인 상처를

인생의 여정도
그렇게 피웠나니
짙은 향기 나지 않으랴

꿈꾸는 하루

아침은
만인의 희망으로

낮은 꿈을
이루는 열정으로

저녁은 안위와
기쁨을 안고 고이 잠드리라

엄마

우리 엄마
가슴 절벽

우리 엄마
귀도 절벽

우리 엄마
일은 준령(峻嶺)

리셋

해가 바뀔 때
새로운 달을 맞을 때

하루해가 뜨고 질 때
새로운 마음으로

내 인생 부팅
오늘 당신 최고의 날

가장 멋진 날이라고
가슴을 활짝

김건일 시집

그려려니 하고

초판 인쇄 2020 년 8 월 20 일
초판 발행 2020 년 8 월 28 일

지은이 | 김건일
펴낸이 | 김효열
편　집 | 이미정
마케팅 | 김효숙 · 김영미 · 박미옥

펴낸곳 | **을지출판공사**

등록번호 | 1985 년 2 월 14 일 제 2-741 호
주　　소 | 서울시 마포구 양화진길 41, 603호
우편번호 | 04083
대표전화 | 02) 334-4050
팩시밀리 | 02) 334-4010
전자우편 | ejp4050@hanmail.net

값 13,000원

ISBN 978-89-7566-188-4　　03810